走遍世界

很简单

ZOUBIAN SHIJIE HENJIANDAN

泰国大探秘

TAIGUO DATANMI

知识达人 编著

成都地图出版社

图书在版编目（CIP）数据

泰国大探秘 / 知识达人编著 . — 成都 : 成都地图
出版社 , 2017.1（2021.10 重印）
（走遍世界很简单）
ISBN 978-7-5557-0418-8

Ⅰ . ①泰… Ⅱ . ①知… Ⅲ . ①泰国—概况 Ⅳ .
① K933.6

中国版本图书馆 CIP 数据核字 (2016) 第 208180 号

走遍世界很简单——泰国大探秘

责任编辑：马红文

封面设计：纸上魔方

出版发行：成都地图出版社
地　　址：成都市龙泉驿区建设路 2 号
邮政编码：610100
电　　话：028 - 84884826（营销部）
传　　真：028 - 84884820

印　　刷：唐山富达印务有限公司
（如发现印装质量问题，影响阅读，请与印刷厂商联系调换）

开	本：710mm×1000mm　1/16		
印	张：8	字	数：160 千字
版	次：2017 年 1 月第 1 版	印	次：2021 年 10 月第 4 次印刷
书	号：ISBN 978-7-5557-0418-8		
定	价：38.00 元		

前　言

　　美丽的大千世界带给我们无限精彩的同时，也让我们产生很多疑问：世界上到底有多少个国家？美国到底在什么地方？为什么奥地利有那么多知名的音乐家？为什么丹麦被称为"童话之乡"？……相信这些问题经常会萦绕在小读者的脑海中。

　　为了解答这些问题，我们精心编写了这套《走遍世界很简单》系列丛书，里面蕴含了世界各国丰富的自然、地理、历史以及人文等知识，充满了趣味性和可读性，力求让小读者掌握全面、准确的知识。

　　本系列丛书人物对话生动有趣，文字浅显易懂，并配有精美的插图，是一套能开拓孩子视野、帮助孩子增长知识的丛书。现在，就让我们打开这套丛书，开始奇特的环球旅行吧！

大胡子叔叔

詹姆斯·肖，美国人，是位不折不扣的旅行家和探险家，足迹遍布世界各地。因为有着与肯德基爷爷一样浓密的胡子，所以被孩子们亲切地称为"大胡子叔叔"。

吉 米

10岁的美国男孩，跟随在大使馆工作的父母居住在中国，是大胡子叔叔的亲侄子。他活泼好动，古灵精怪，对世界充满好奇。

映 真

11岁的韩国男孩，他汉语说得不好，但英语说得很流利。他性格沉稳，遇事临危不乱。

花 花

10岁的中国女孩，有一点点任性和霸道。她的父母与映真的父母是很要好的朋友。

目录

又是一个阳光明媚的清晨，大胡子叔叔早早地起了床准备早餐。当把所有东西

收拾妥当后，孩子们还没有起床。大胡子叔叔不忍心叫醒他们，他十分理解孩子们的心情。

自打上次旅游回来，孩子们一个个像霜打的茄子一样没精打采。看到孩子们这样，大胡子叔叔心想：既然他们对曼谷那么依依不舍，不如再去一次好了。

可是，这让大胡子叔叔为难了：曼谷已经去过了，要是再去一次，岂不是没有新意？这次呀，真得想点不一样的！

"不如带孩子们去泰国各地玩玩，好让他们彻底体会泰国风情。这样一来，既可以回到曼谷，又不失新意。对，就这么办！"大胡子叔叔洋洋得意地自言自语。

　　孩子们一个接一个起床了，懒洋洋地来到饭桌前。大胡子叔叔对着还是没有精神的孩子们微微一笑，他似乎已经看到待会儿孩子们听到再游泰国的消息时激动的神情。

　　大胡子叔叔从遐想中回过神来，孩子们已经在餐桌旁坐好了。他拿起勺子，在茶杯上敲了敲，说："孩子们，你们最近好像有什么心事，愿不愿意告诉叔叔，你们怎么了？"

　　"我想去泰国，那里真是太有意思了！"

　　"在家里真是太无聊了，能不能做点有意思的事啊！"

"我还沉浸在回忆里，哎……什么时候才能再去曼谷啊？"

孩子们叽叽喳喳地在大胡子叔叔耳边吵着，大胡子叔叔气定神闲地听着，突然做了个"停"的手势："孩子们，安静点，听我说！觉得家里没意思？"

"对！"孩子们异口同声地回答。

"还想去曼谷？"

"对！"孩子们再次异口同声地回答。

"要是再去泰国，你们觉得怎么样？"

听到这话，孩子们愣了一下，互相看看，脸上全是难以置信的表情。

映真望望大胡子叔叔，小心翼翼地问："大胡子叔叔，您的意思是我们要去泰国玩了？我们能再回曼谷了？"

大胡子叔叔笑笑："好吧，我现在正式宣布，我们下一站的目的地就是——泰国！"

听到这里，孩子们开心地欢呼起来，映真连忙给大胡子叔叔夹菜："大胡子叔叔，你最好了！多吃点，补补身体。"

花花和吉米抢着拥抱大胡子叔叔，嘴里不停地说："还是大胡子叔叔好，大胡子叔叔最好了！"

大胡子叔叔则开心地想："这就对了，这才是他们原来的样子嘛！"

第二天，一行人就出发了。他们首先在曼谷落脚，再开始他们新的旅途——一段往泰国深处的旅程。

第1章 "快乐的开始"

　　素可泰，名字听起来很怪异，但在泰语中的意思却很吉祥，意思是"幸福的曙光"，也叫"快乐的开始"。大胡子叔叔带着三个小淘气，从这里开启了他们愉快的泰国之旅！

　　素可泰位于曼谷北部，在这里，诞生了泰国第一个王朝——素可泰王朝；也是在这里，孕育了深厚的泰国文化；还是在这里，出现了泰国的第一个首都。

从1257年到1436年这近200年间，素可泰王朝的首都就是素可泰。在这里产生的泰国文字和一些法规可以视为泰国文化的开端。正因为拥有这样得天独厚的历史条件，在素可泰这座城市中，历史遗迹随处可见。

　　"哈，这下我们可以去见识一下历史遗迹啦。"吉米调皮地伸伸舌头。

　　"放心吧，一定会让你们大开眼界的！"大胡子叔叔笑呵呵地说，"我现在就带你们到素可泰历史公园看一看，那里有很多历史遗迹。"

　　古时候，大城王朝出兵攻打素可泰王朝，整个城市战火弥漫，摧毁了很多宫殿和庙宇。一直到1979年，泰国才将这些集中在城市旧城区的遗迹保存了下来。

　　素可泰历史公园非常大，面积约116.5平方千米。大胡子叔叔和孩子们不得不每人租了一辆自行车来代步。出租车子的店主给了大家一张地图，上面详细地介绍了公园中遗址的名称和位置。

　　"哇，太可怕了，地图这么小，居然还有这么多历史遗址的小图标满满地挤在它的正中央。"吉米怪叫起来。

　　"呵呵，那我们就抓紧时间，赶快出发吧！"大胡子叔叔发出了号令。

　　吉米性子急，蹬起自行车一路狂奔，大家一边追他，一边观看。公园内的寺庙、佛塔与宫殿个个气势恢宏，而且数目极多。

　　素可泰王朝的旧王宫遗址建筑群的外侧，有一条波涛汹涌的

7

河流，这就是这座古城的护城河。可是，即便有如此激荡的河流，也无法改变这座城既定的命运。沿着旧王宫的外侧转一转就不难发现，豪华的宫殿虽然依旧端庄、大气，却早已失去了鲜艳华丽的色彩，留存下来的只有战争过后的断壁残垣。历史的印记不会消失，已深深铭刻在一座座建筑上，变成无言的记载。

"当年的素可泰是多么繁华啊！"吉米感叹说。

"是啊，素可泰是泰国文化和艺术的摇篮。"大胡子叔叔感慨道，"对每一个泰国人来说，素可泰的意义都极为重大。"

他们一边说一边离开王宫旧址，骑车去玛哈达寺。

玛哈达寺坐落在素可泰古城的中心，在素可泰王朝时期，它可以称得上是最壮观、最大的佛寺。寺庙由一组非常宏伟的建筑群构成，庄严肃穆地矗立在寺庙中。

踏过一片绿油油的草地，便来到了寺庙中央。这里屹立着一座非常庄严、巍峨的佛祖像。这尊佛像似乎在打坐念经，耳垂、双手非常大，双眸微合，端坐于此，神态安详。据说，卢泰王朝曾将玛哈达寺重建，目的就是为了安放这尊佛像。

　　这座寺庙中的很多庙宇都坐落在湖水和草地中央，宜人的环境与肃穆的建筑相得益彰，让人心旷神怡。

　　玛哈达寺的附近有一个金池，池中的小岛上有一座庙宇，叫作金池寺。这座美丽的寺庙没有围墙，只有一湾湖水环绕着宝塔和凉亭，放眼望去，整座寺庙似乎从水中升起。一条长长的木桥跨过静静的湖水，像通往远方的道路，平坦而宽阔。

宝塔的外形是锡兰式设计，而亭子的外形则是非常典型的泰式风格。这座寺庙最特别的地方在于：它供奉的并不是佛像，而是一只佛足的脚印！脚印敦实、宽广，上面还铺着金色的钱币和箔纸。

　　吉米俯身去看金池水，大胡子叔叔微笑着说："金池水清洌甘甜，古代的泰国君王登基时，都会取金池之水用于誓礼。"

　　"看我来取金池水！"吉米激动得手舞足蹈起来，一下跳进了金池里。

"哈哈，礼毕！吉米国王请上岸！"花花哈哈大笑起来，映真微笑着走过去，把吉米拉上岸来。

　　有金池就有银池，银池与金池相连，当然也少不了湖水，只是比金池要小。银池湖水环绕着宝塔，美轮美奂，分外庄严。古老的泰式宝塔前，坐落着一尊安详的坐佛像。佛像非常巨大，在历史年轮的碾磨中，佛身已略显斑驳。

　　夕阳西下，大胡子叔叔催促孩子们离开，孩子们恋恋不舍地伸长脖颈，贪婪地观望，似乎想把每一处宏伟的建筑都印在脑海里，一步三回头，都感觉意犹未尽！

第2章　沙美岛

　　大胡子叔叔带着孩子们来到码头，湛蓝的海面上有
一排白色渡轮缓缓前行，像安放在海面上的一只只
摇篮。

半小时后，他们乘渡轮来到沙美岛。沙美岛并不被太多游客所熟知，如果不是大胡子叔叔地理知识丰富，吉米他们就会与这座小岛错过。沙美岛在芭提雅附近，隶属罗勇府，是一个气候非常干燥的岛屿，淡水极其缺乏，所以大胡子叔叔才选择在雨季——这个最佳的旅游季节带孩子们前来游览。

　　他们在一家度假村住下，这里是一个非常安静的地方，离海滩很近，透过窗户，可以看到美丽的沙美岛。沙美岛是一个T型岛屿，方圆大约13平方千米，是许多曼谷人周末度假的好去处。从曼谷出发，只需乘坐3个多小时的车，再乘45分钟的船就可以到达沙美岛了。

　　大胡子叔叔和孩子们住的这家度假村独占了Na Dan海滩，在美丽的花园和岩石之间，时不时会冒出一间简陋的小屋，屋子里有蚊帐和公用浴室，虽然称不上舒适，却有一种独特的异国风味。

来到海滩，孩子们一下子安静了。白色的云朵映衬着蓝蓝的天空，显得天空愈发辽阔高远。在遥远的海平线上，天空的湛蓝与海水的碧绿融洽地相接了。

吉米没了往常的调皮，怔怔地看着远方说："这就是传说中的海天一色？可是，这海水也太清澈了吧！这天空也太湛蓝了吧！这空气也太新鲜了吧！我要在这里好好享受享受！"

"那当然了，这里拥有全泰国最美的沙滩。"大胡子叔叔说。

映真蹲下身，仔细摸摸海滩边的沙子，惊奇地说："这里的沙子好特别啊！"

"那是当然，不然这里怎么会叫沙美岛呢？"花花调皮地说。

这里的沙子不像平常的沙滩，在刺眼阳光的暴晒下，燥热不堪；也不像沙漠中颗粒很大的沙子，颗颗独立，坚硬无比。这里的沙子细小而松软，沐浴着轻柔的海风，潮湿、暖和而又温柔。对，沙美岛的沙子给人的触感，就像一双温柔的手滑过每一寸肌肤。踩在这片沙滩上，似乎踩在一片通往广阔海域的棉毯上，惬意无比。

花花"张牙舞爪"地向大海奔去，吉米和映真也不甘示弱，紧跟花花身后。他们在海边嬉戏打闹、互相泼水。后来，在吉米的带领下，三个孩子合力将大胡子叔叔推进了海里，大声笑着："来到海边，不下水游一游，怎么算来过呢？"

四人玩得筋疲力尽。随后大胡子叔叔又带着孩子们走向一艘木船，那是一艘宽敞的大木船，可以环岛游览。

木船沿着海岛缓缓前行，海面与沙滩上的美景尽收眼底。大胡子叔叔说："我们现在所在的这片海其实就是太平洋，而沙美岛，就像镶嵌在太平洋上的一串珍珠。这里海水清澈，天空湛蓝，和城市相比，少了一份喧嚣，多了一份宁静，让人充分感受到大自然的美丽——"

大胡子叔叔正说着，突然，旁边"飞"来一艘游艇，吉米立刻叫起来："大胡子叔叔，这里还有游艇呢，好快啊！一定很过瘾吧！"

　　大胡子叔叔一脸无奈："真是破坏意境啊！吉米，你要是乘坐那么快的快艇，怎么仔细欣赏沿海的风景呢？怎么感受大自然的宁静呢？"

　　沙美岛上有数不清的酒吧，也有数不清的饭馆，随便一家不起眼的小店做出来的饭菜都令人啧啧称赞。当然，这里最吸引人的还是美丽的沙滩，沙美岛的沙滩可以说是全泰国最美的沙滩，而且一年四季均可享受风浪板、滑水等水上活动，堪称海洋热爱者的乐园。

　　午后，四人吃得饱饱的，躺在美丽而安静的沙滩上，喝着椰子汁，沐浴着阳光，感觉棒极了！在沙美岛生活，白天可以慵懒地躺在沙滩上晒太阳，夜晚尽情享受小岛上的狂欢活动，无拘无束，忘记烦恼，非常惬意。

而且，因为沙美岛没有被完全开发，商业气息并不浓厚，游客也不多，宁静而美好的原生态环境，简直就是陶渊明笔下的世外桃源。

晒了一会儿太阳，大胡子叔叔突然开口说："这次我们来泰国，要寻找一些新鲜奇特、闻所未闻的事儿，大家觉得怎么样？"

"大胡子叔叔的主意真棒！新鲜又刺激，真是太好了！"孩子们纷纷赞同。

夕阳西下，凉凉的微风吹过，却一点儿都没有冷却孩子们的热情，在远处的海滩上，他们正在规划未来几天的探险之旅呢。

第 3 章　迷你暹罗湾

　　清早，大胡子叔叔刚刚睁开眼，就看到孩子们团团围在他的身边，还不等他完全清醒，就被孩子们从床上拉了起来。

　　"大胡子叔叔，快点起床！今天是我们探险之旅的第一天，第一站要去什么地方呢？"吉米催促着大胡子叔叔。

看到孩子们如此期待，大胡子叔叔决定和他们卖个关子，只是微笑着说了句："去了你们就知道了！"

一路上，孩子们难掩期待之情，嘴里不停地问着："到底要去什么地方啊？"

看到大家这么期待，吉米开玩笑地说："我想那里就是……"还没说完，吉米就大喘了一口气，等所有的人都聚精会神地看着他，他接着说："一个神奇的地方。"

大胡子叔叔长出了一口气，可是，这边的花花却愤怒地瞪了吉米一眼。

来到目的地之后，孩子们还是一脸疑惑："这里到底是什么地方啊？"

"这里就是迷你暹罗湾啦！"大胡子叔叔说。

"迷你暹逻湾？难道这里非常非常小？"花花瞪大眼睛问。

"我记得，迷你暹罗湾好像是泰国第一座展现其传统遗迹的微缩奇观，难道就是这里？"还不等大胡子叔叔开口，映真先说。

"映真，真让你说对了，这里就是迷你暹罗湾！"大胡子叔叔笑眯眯地说。

迷你暹罗湾位于芭提雅市近郊，进入大门，映入眼帘的是一座座被缩小的建筑物，这些建筑物的颜色、样式，都与真实的建筑一模一样，只是它们真的太小了！

迷你暹罗湾以建筑物"迷你"而著称，它是泰国第一座展现泰国传统遗迹的微缩奇观，这里100多座建筑模型，都是按照1:25的比例缩小建造的。所以，如果来

到泰国的游客们没有时间游历所有美景的话，来这里游览是不二的选择。

"快过来看！这不是大皇宫吗？"吉米喊道。

"吉米，请不要大喊大叫。来到这里后，你不但找到了你的记忆，连你的坏毛病也一起回来了。"花花调侃地说。吉米挠挠头，不好意思地笑了。

映真没有参加斗嘴，仔细观察着这些微小的建筑。

"建造这些建筑的人，可真是能工巧匠啊！"映真感叹说，"不仅把大皇宫建造得活灵活现，颜色还非常艳丽逼真，建造工艺太精致了！要知道建造小的建筑可不比大的简单，而且要多一分细心。所以，这些建筑物真是十分了得啊！"

听到映真的话，吉米也认真地观察起来。

过了一会儿，大胡子叔叔左右望着，好像在找什么东西。映真看到后问："大胡子叔叔，你在找什么呢？"

"花花不见了啊！"大胡子叔叔着急地说。

三人立刻寻找起来，边找边喊。大胡子叔叔向路边的行人描述着花花的模样，可是谁都说没见过。

经过一处壮观的瀑布，又来到一排外国建筑前。映真和大胡子叔叔一眼就在埃菲尔铁塔旁边看到了花花，大家赶紧飞奔过去。

花花一脸诧异地看着大家："你们这是怎么了？怎么一个个满头大汗？"

"你不知道和我们走散了吗？我们已经找你找了很久了！"大胡子叔叔又气又急地说。

"呀！这个我还真不知道呢！"花花抱歉地说，"这里的景色真是太美了。不但有文物，还囊括了泰国的地形、自然环境、文化、历史等建筑物。我一激动就忘了告诉你们了。"

"我们终于可以好好欣赏啦！"大胡子叔叔松了口气，带着孩子们继续欣赏美景。

国外建筑区陈列着各地的著名建筑，有埃菲尔铁塔、凯旋门、伦敦大桥等等。其实园内最初只有泰国著名建筑的微缩模型，后来才加入了其他国家的著名建筑。这里不仅仅有古代的建筑还有现代的建筑，如飞机场、码头和高楼大厦等。真是一应俱全！

回到刚刚经过的瀑布前，大家仔细观察，发现瀑布被建造得惟妙惟肖，非常逼真。除了瀑布，这里还有很多泰国的地形，有高山，有雨林，还有原始森林；有湛蓝的大海、日光充足的沙滩、一马平川的平原……充分展示了泰国各种各样的地形、地貌和风景。

"真可谓足不出园，便可知天下啊！我觉得这就是我心目中的神奇之地，还让我体验了一番小人国的感觉。"花花开心地说着。

就在这时，人群突然朝园子中心涌去，孩子们也拉着大胡子叔叔跑了过去，原来那里正在进行泰国的养蚕、织布、打造银器首饰等民族工艺制作的表演！

迷你暹罗湾可真够迷人啊！

第4章　奇幻的购物之旅

从迷你暹罗湾出来，时间已是午后，孩子们的肚子也都饿得咕咕叫了。他们狼吞虎咽地吃了一餐丰盛的泰国菜后，纷纷嚷着"太饱了"。大胡子叔叔笑笑说："孩子们，下一站要去四方水上市场，你们准备好了吗？"

"我知道，我知道！"花花开心地说，"有一部中国电影就是在这里拍的！"

　　"这个地方我也知道。"映真凑过来说。

　　这下可把花花乐坏了，一直说吉米孤陋寡闻。就在三个孩子的斗嘴声中，大家来到了目的地。

　　吉米望了望四周问："大胡子叔叔，这里又不是四方形的，为什么要叫四方水上市场呢？"

　　"这是因为，在泰国并不是只有这一个水上市场。水上市场是泰国的特色，然而，四方水上市场又是所有水上市场中最有特色的。这个水上市场融汇了泰国东部、西部，东北部及南部四个区域水上市场的特色，所以才被称为四方水上市场。"

　　"也就是说，这个水上市场是最全的了？"映真接着问。

"可以这么说！"

花花突然冒出来一句："有首歌不就是这么唱的吗？走四方，路迢迢水长长……看看，有这种感觉吧？在这一个地方就可以'走四方'啦！"

顾名思义，水上市场建在水上，由木板搭建，竹桥相连，很有"东方威尼斯"的感觉。在水中，有很多两头尖尖翘起来的小船，有的小船很小，有的很长。小船上可以坐下四五个人。有的香蕉船上放着许多出售的水果，一个小船就是一个摊位，也有当地的居民在小船上做特色小吃出售。这也算是这里的特色了。

新鲜的水果在四方水上市场最受欢迎，因

为在这里出售的水果真可谓是味美价廉。吉米看到水果摊上的鲜美榴莲，立刻买来解馋，映真则买了一杯泰式奶茶，喝了几口，连连称赞。喝完奶茶后，映真刚想扔掉空杯，大胡子叔叔立刻说："别丢，拿杯子去续杯有很大优惠哦。"映真听了，立刻乐呵呵地去续杯了。

这时，花花也发现了新大陆："地上有箭头啊！"

"没错，这是路标！"大胡子叔叔解释说。

花花调皮地拉着大胡子叔叔顺着路标，朝一家看起来很好玩的店铺跑去："大胡子叔叔，这里的店铺为什么都使用中文啊？难道……这里都是华人？"

"其实，泰国是对中国最早开放旅游的地方，这里也成为很多中国游客的首选之地。所以，

店铺上面都使用中文，也是中泰贸易友好往来的体现。对中国游客来说，这可真是方便了不少。"

　　"那么，到了我们的旅游黄金周，他们是不是也会有什么表示？"

　　"哈哈，花花，这还真让你猜对了！如果你在国庆节来到这里，会发现到处张贴着'我们与中国共庆国庆'之类的标语呢。"大胡子叔叔笑着说。

　　走了一会儿，吉米和映真在一家店铺前停了下来。原来，这家店铺的主人一身加勒比海盗的打扮，大大地吸引了孩子们的注意力。这家店主要卖一些当地的特色饰品，

映真决定给他的中国朋友买几样饰品带回去。吉米却在一旁开起玩笑来："这是海盗从海上抢来的，你不能买！"

这可把店铺老板急坏了："我只是打扮成这样而已，我做的可是正规生意！"

吃饱喝足的孩子们在小桥边玩。这时，从远处慢悠悠地划过来一只香蕉船，上面竟然坐着大胡子叔叔！

看到孩子们羡慕加好奇的眼神，大胡子叔叔呵呵一笑："来到水上市场，当然要划舟游玩一番才过瘾啊！"

香蕉船可以带着大家沿四方水上市场转上一遭，不仅可以浏览风景，还可以享受一下水中购物的乐趣，何乐而不为呢？

孩子们跳上船，争着向掌船的当地人学撑船。掌船人为了满足孩子们的要求，就教给他们简单的几招，可把孩子们高兴坏了！

吉米从撑船人手中接过船桨，开始在水中扑打，可是，总也不见小船往前走。映真从另一边发力，他将船桨抡圆了，高高地划过天空，不过，入水的时候就没什么力气了，小船还是没有往前走。

撑船人拿过船桨，给孩子们讲着杠杆的原理，然后给他们示范两只手摆放的位置，一划一撑，"嗖"的一下，小船就向前蹿去。

大家都在专心致志地看两人学划船，全然没有察觉撑船人已经把船划到小桥附近。

花花问："这桥也太矮了，怎么通过呢？"

"躺倒或者趴倒！"撑船人接着说。

大家躺在船上眼睁睁地看着桥底从眼前掠过，大胡子叔叔的肚皮几乎和桥底来个亲密接触，可把大家乐坏了。

小心翼翼地通过了桥底，两个男孩开始继续学习划船，渐渐地，他们开始掌握诀窍了，船开始慢慢地前进。吉米激动地在船上"舞动"起来，船左右打晃，大家吓得握紧了船舷。仅仅是学习划船可不能满足吉米，他看到撑船人帅气地坐在船头，也想要学学。

　　吉米把一条腿压在船边，屁股坐在船帮上，刚刚坐稳，就举起了船桨，不料，正是这样，他失去了平衡，随着"扑通"一声，吉米落水了！

　　映真和花花紧张地往水里看，大胡子叔叔正准备下水，只见吉米从水里探出头来，湿淋淋的吉米尴尬地笑笑说："夏天就应该下水凉快凉快嘛，呵呵！"大家这才松了一口气。

第5章　艺城学舞记

　　下了小船，大胡子叔叔问大家："你们几个玩累了没有？"

　　"我才刚刚舒展了一下筋骨，怎么会累呢？我又不是小姑娘。"吉米早就将落水的事情抛到脑后了。

　　"吉米，怎么说话呢，小姑娘怎么了？我也一点儿不觉得累。"花花不甘示弱。

　　连平时不和他们斗嘴的映真也说："我也不累，我很期待

后面的好戏呢！"

听到孩子们这么说，大胡子叔叔嘿嘿一笑，说："大家不累就好，好戏还在后面呢！"

当大家来到芭提雅艺城的时候，已经临近傍晚了，大胡子叔叔难掩兴奋之情，高兴地说："我们赶紧去欣赏好节目吧。"

一进入礼堂，首先映入眼帘的是高不见顶的舞台，辉煌大气。这里是芭提雅艺城的一处主要景点——Alangkarn剧院，这个剧院拥有一个高达70米的国际辉煌舞台，可以容纳两千多名观众。

"待会儿，剧院里会上演歌舞表演，为外国观众展示泰国独特的艺术。我们坐下来欣赏

华丽的舞蹈表演吧。"

"表演开始时，绚烂的灯光与多种彩色激光交相辉映，组成华丽的舞台效果，再加上完美的音响效果，让舞台更多了一份震撼，所以，在这里表演的舞蹈尤其华丽。

"能够在这个舞台上表演的舞蹈，不仅舞姿漂亮，而且难度非常高。剧院里表演的艺术种类繁多，偶尔还会有一些历史剧上演。通过这些舞蹈，可以使游客全面了解泰国的文化、艺术和历史。"

几个孩子认真地听着大

胡子叔叔的介绍。正说着，表演开始了。

首先上场的是舞蹈表演。美丽的灯光绚烂夺目，恢弘的音乐从效果极佳的音响中传出，真可谓是场视听盛宴。台上的舞蹈演员各个身着华丽的衣裳，做着高难度的动作，为观众展示着与现代电子灯光、音效完美结合的现代风格舞蹈，以此来传递新兴的泰国艺术。

花花惊叹道："这舞蹈也太美丽了吧！不行，我技痒，忍不住要跳几下！"说着，花花便来到过道里，像模像样地学着舞台上的舞者，舞动起来。

吉米嘲笑说："看你跳的什么舞啊？来，让我给你跳一段。"说着，他也舞动起来，不过，他跳的可不是舞台上的舞蹈，而是一段活力十足的街舞，看得周围的人捧腹大笑。

映真在一旁看不下去了："这里可不是舞台，你们能安静点儿吗？"

吉米嘲笑说："你不会跳，还好意思嫌我跳得太好了！"

这下，一向沉稳的映真也按捺不住了："我怎么不会跳？我们韩国也有传统舞蹈好不好！"说着也来到过道，边唱边跳《三只小熊》，赢得了大家的一阵"欢笑声"。

"原来您才是舞神。"吉米调侃道。

大胡子叔叔笑笑："好了，你们这舞蹈学得可是不着边际啊！快坐下来接着看节目吧，好戏还在后头呢！"

正在此时，几个身着花瓣状衣服的舞蹈演员从天而降，不停地在空中做着飘动、摇摆和旋转的高难度动作。

"这已经算是杂技了吧！"吉米震惊地说，"我还是第一次现场看到这么高难度的表演，真替他们捏把汗啊！"

　　其实，芭提雅艺城中的这座剧院正是泰国的国家剧院。既然是剧院，那么就一定少不了舞台剧了。舞蹈结束后，一部舞台剧拉开帷幕，这是一部讲述泰国从古至今的历史起源、演变的舞台剧。

　　变化多端的布景，映衬着演员们十分出色的表演，在欣赏舞台剧艺术之美的同时，又可以全面了解泰国的历史文化。整部舞台剧最受观众欢迎的地方，要数上演与缅甸交战的一幕了。为了真实再现战争场景，大象、大炮和威亚都被搬上舞台，真是精彩极了！

　　从剧院出来，映真和吉米刚想去与园中的人妖合影，大胡子叔叔却走过来阻止了他们，上前和人妖说了好久，才允许两人与人妖合照。拿着照片的两个孩子好奇地问："大胡子叔叔，你刚才和人妖说了什么？"

　　"这你们就不知道了吧，在泰国，与人妖合影的价格是不固定的，要先问好才能合影

哟。"大胡子叔叔解释道。

"我们知道了，文化习俗要尊重嘛！"映真看着吉米说。

"其实，芭提雅艺城还有很多有意思的地方，我们都没有时间游览了。还有哑剧、洛坤剧，这些都是很有意思的表演呢！"大胡子叔叔略感遗憾地说。

"我们自己的表演也很精彩啊！"花花调皮地舞动起来，令大家哈哈大笑。

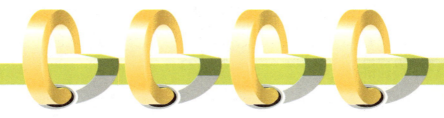

洛坤剧

洛坤剧是一种泰国舞剧，形式自由活泼，演员一边道白一边舞蹈。也常常出现丑角即兴发挥，为整出剧营造诙谐幽默的氛围。它所表现的内容也非常丰富，有宫廷轶事，有英雄故事，还有现代题材。

洛坤剧的舞蹈十分注重舞蹈造型，类型也是软舞类型。而且，它很强调舞姿的韵味和舞蹈的流畅。

泰国很多传统舞蹈都有自己的一套表演程式，刻板老套。而洛坤剧在发展过程中，吸收了很多现代舞蹈和欧美话剧的养分。现代洛坤剧已经是新型的戏剧艺术了。

第6章 "信不信由你"

"孩子们，起床啦！"一向不紧不慢的大胡子叔叔，今天显得激动万分，起个大早不说，还大喊大叫，真是一反常态啊！

起床啦……………

“大胡子叔叔，今天是您的生日吗？怎么这么激动啊？”

“哈哈哈……”大胡子叔叔大笑起来，“过生日有什么好激动的啊。我这么激动，是因为我们今天要去的地方真是太有意思了。看看你们一个个睡眼惺忪的样子，待会儿到了那里，保证你们全部瞪大眼睛！”

“真的吗？”孩子们一脸不相信地看看大胡子叔叔。

“信不信由你！”大胡子叔叔笑了笑。

收拾好东西，一行人再次出发，大家来到一个“店铺”门前停下。孩子们都惊奇地问大胡子叔叔：“叔叔，这就是我们的目的地吗？没什么特别啊？”

“给你们三人一个任务，由你们三个人进去买票，怎么样？”大胡子叔叔说。

“小菜一碟！”三个人拿了钱就走进店内。

大胡子叔叔微笑着，在门口侧起耳朵听着里面的动静。不久，就听见三个孩子鬼哭狼嚎起来，飞速地冲出店铺。

“有鬼啊！”

“这是哪里？”

“你们看到了吗？那个人没有腿！”

“吓死我啦！”

大胡子叔叔听到孩子们的话，笑着说：“你们这是怎么了？怎么连张票都买不上啊？”

“大胡子叔叔，那里面不是人，是鬼！那是个鬼屋！”吉米和

花花争着说。

大胡子叔叔笑了笑说："这就是我们今天的目的地——"信不信由你"博物馆。走！边走边说！"

走进博物馆，首先看到的就是脸色惨白还带着血迹的售票员。他没有腿，腿的部位由一些干骨架组成，这才吓坏了孩子们！

"这个你们信不信？"买好票的大胡子叔叔问孩子们。

"这个当然是假的啦！"孩子们异口同声地回答。

"正像你们看到的，这个博物馆里有很多的神奇事儿，但是，是真是假，就得由你们自己判断了。"

"信不信由你"博物馆中有很多不同的主题，最受欢迎的要数"奇闻异事"、"鬼怪故事"和"酷刑展示"几个主题了。整个

博物馆只有一些昏暗的灯光，周围的墙壁都像是原始的山洞，里面的每位工作人员都装扮成非常恐怖的样子。

孩子们紧紧跟着大胡子叔叔，走着走着，突然从旁边跑出来一个浑身"鲜血"、手举电锯的"厉鬼"，正好立在了吉米面前！"啊——"只听吉米一声惨叫，飞一般地向前跑去，在昏暗的灯光下，吉米拍着胸脯站了好一会儿，受惊的心才稍稍平复下来。

再往前走，就来到奇闻异事馆内，首先映入眼帘的就是一个长着蝙蝠翅膀的人体骨架。花花和映真正准备靠近看个仔细，突然，骨架发出了怪叫，吓得两个孩子立马躲在大胡子叔叔的背后。

三个孩子经过重重惊吓后，都小心翼翼地靠着大胡子叔叔往前走，不敢擅自行动了。

虽然害怕，但孩子们还是不忘讨论一番。

"我觉得那个有蝙蝠翅膀的骷髅肯定是假的，因为，它能发出怪声，说明这一定是人！"映真认真地说。

"我觉得追我的那个'厉鬼'也是人！吓死我啦！"吉米还是不忘刚才的恐惧。

在奇闻馆中还有更加神奇的东西在后面等着大家，有口鼻长在一起的人；由美丽小孩组成的骷髅头画像；有将舌头翻卷起来、叠在一起的人等等。一路上，孩子们又好奇，又害怕地聊着这些奇闻异事。

离开奇闻异事馆，就进入了中世纪酷刑馆。一樽樽残忍的蜡像使得孩子们不敢直视，在大胡子叔叔的带领下，只匆匆看了一下便离开了。

穿过整栋建筑来到后院，便看到一些关于"信不信由你"博物馆的介绍。一些奇怪建筑物的图片吸引了映真的注意，这些图片中的建筑物扭曲、变形，却还可以屹立在那里，真是令人震惊的设计啊！有的房屋被设计成裂开的样子，也十分特别。

"大胡子叔叔，这些图片是哪里？"映真问。

"这些都是世界各地的"信不信由你"博物馆的建筑，全世界的信不信由你博物馆有25座之多。有的馆以奇特的建筑闻名；有的馆中陈列着美人鱼的木乃伊；而芭提雅则是以恐怖和奇闻异事著称。"

"那么，这些"信不信由你"博物馆最初都是由一个设计师创建的吗？"映真继续问。

"这可大有来头啦！这些神奇的东西都是由世界著名探险家罗伯特利普莱在环游世界的同时收集的。"大胡子叔叔回答。

　　从博物馆中出来，三个孩子仍然惊魂未定！

　　"原来，探险之旅的秘密在这里啊！"花花喘着气说。

　　"这感觉太刺激了！"吉米反而有点激动。

　　映真说："大胡子叔叔，这哪里是让我们清醒，分明是带我们做了一场噩梦啊！说句实话，那些受到酷刑的人像可要比那些不存在的鬼怪更恐怖、更吓人啊！"

　　　　"这也许就是假的真不了，真的受不了啊！"大胡子叔叔笑哈哈地说。

第7章　　感受大城王朝

这天一大早，一行人就开始了当天的旅程。

"今天，我们要前往的地方就是久负盛名的大城市啦！"
大胡子叔叔激动地向大家宣布。

"大城市？比北京、香港还要大？"

"比首尔大？"

"比纽约大？"……孩子们争先恐后地问着。

大胡子叔叔哈哈一笑："一不小心说错了，应该是大城
府。"

"大城府？"映真吃惊地问，"听说，这个府本身就是世界遗产呢！可谓历史悠久、文化深厚！今天，我们终于要一睹它的风采了！"

"我们的首站是哪里呢？"吉米和花花异口同声地问。

"既然映真说到了历史和文化，那我们就先去拉嘉布拉那寺了。那里可有秘密哦！"大胡子叔叔张罗着大家一个个跟上。

一进入拉嘉布那拉寺，首先映入眼帘的就是一座已经残破的墙门，只剩下断壁残垣。墙门用红色的砖瓦堆砌而成，在它的顶部，还有复古而精致的花纹浮雕，尽现当时寺庙的华丽。仅剩的断壁残垣，见证了这座城市曾经历的历史岁月。

走进墙门就是一段长廊，组成长廊的块块红砖布满沧桑，似乎是历史翻过的一页又一页篇章。在长廊的尽头，便是拉嘉布拉那寺的主塔了，这座塔和中国式宝塔并不相同。中国式宝塔基本都是底座宽广，由底座向塔顶层层递减，形状像三角形。

　　但是，眼前这座泰式宝塔却是从底座开始一层层往上，快到塔顶了还是一般粗细，到了塔顶则呈圆形封顶。

　　这在孩子们眼里可真是神奇啊！

　　塔身的白色涂料已脱落殆尽，露出组成塔身的红色砖瓦，似乎在为人们展示它在历史的风风雨雨中依然伫立的坚韧，而它用"身体"保留下来的物质和精神财富则是后人受之不尽的。

塔门是典型的泰式门，塔身有一圈圈精雕细刻的圆柱形装饰，最中间是一座屹立着的佛祖像。在门顶的塔身处，有两员"大将"在此把守塔门，在"大将"身边，还有数位侍卫屹立左右。转到塔的背面，还有精美的象头做装饰，十分庄严。

　　整座塔虽然已没有当年的华丽外表，但庄严依旧。宏伟的塔身还是让人震撼不已，精美的雕刻装饰也展示着这座塔的庄严气魄。

　　"这座塔可真是宏伟啊，真想知道塔里到底封存着怎样的秘密！"花花感叹道。

　　"那就让我们开启探险之旅吧！"大胡子叔叔说着，带孩子们走向宝塔。

　　长长的台阶拉近着孩子们和这座宝塔的距离，同时，孩子们的好奇心也越来越重。

　　进入宝塔，大胡子叔叔并不先登塔，而是带着孩子们走

进地下室。长长的楼梯，淡淡的灯光使宝塔显得更加阴森。

来到地下室中，首先看到的就是一幅幅佛像壁画。

"这是泰国最古老的佛像壁画。"大胡子叔叔给大家介绍，"这座宝塔是1424年建造的。当时的国王有两位王兄在战争中战死，所以，国王为他们修建了这座宝塔，将他们埋葬在这里。"

在古代，大城府是大城王朝的首府，那时的大城府繁荣鼎盛，也经历了很多的战争和政治斗争。大城府拥有众多寺庙，这些寺庙留下了一个个故事，这便是它们用"身体"保存下来的历史，一点点地组成了泰国悠久的历史文化。

直到1957年，拉嘉布拉那寺才真正被大家所知晓，因为，就在这地下室中，人们发现了大量的金银珠宝，这就是它给人们留下的丰富的物质和精神财富。

顺着楼梯，大胡子叔叔一行人一层层地向塔顶攀爬，深切感受着这座塔的历史，一步接着一步，大家来到了塔顶。

　　从塔顶往下看，大城府的全部美景一览无余。被历史沐浴的大城，已经和这座历史悠久的宝塔融合在一起，是丰富的泰国文化的一部分，与此同时，它们用自己宏伟的"身躯"守护着这些文化。

　　酣畅淋漓的参观结束后，一行人正准备离开。突然，吉米

惊叫起来："快看，树上有一颗人头！"

这句话把在场的人吓得不轻，大家一起抬眼望去。这一看，大家齐齐松了口气：原来那棵榕树中竟然有一个佛祖的头像！佛祖头像和榕树交织在一起，似乎是一个整体。真是太神奇了！孩子们赞叹着，纷纷靠过去，要和佛祖头像合影。

这时，大胡子叔叔让大家都蹲下来，原来，和佛像合影大有讲究，自己的头不能高于佛像的头部哦！

拍完照后，孩子们一个个都成了小土人，但是，收获颇丰的他们却开心极了。

第8章　历史的交汇点

"这泰国的四月天也太热了吧！"吉米刚刚睡醒就抱怨着。

"这还开着空调呢！"花花也无奈地说。

"那你们说，这么热的夏天，古代人又没有空调、电风扇，他们是怎么过的呢？"映真好奇地问。

　　大胡子叔叔哈哈一笑："那我们今天就去看看怎么样？"

　　原来，大胡子叔叔要带孩子们去的地方是挽巴茵夏宫。一路上，大胡子叔叔给孩子们娓娓道来：

　　"我们现在使用的东西大都是高科技的，但古代人的智慧并不比这些高科技差。古代人没有空调、风扇，他们就修建了一些避暑的宫殿。我们今天要去参观的挽巴茵夏宫就是古时候皇家的避暑之地！"

　　挽巴茵夏宫建造于1851年，每到盛夏，皇室就会来到这里避暑，这里因此闻名于世。

　　走进挽巴茵夏宫，湖水荡漾，绿树成荫，环境非常优

雅。安安静静地在院中漫步，仿佛也在享受王子、公主般的待遇呢！

三个孩子在小路边停了下来，他们正围着一尊雕塑讨论着什么。大胡子叔叔刚一走过去，他们就问："大胡子叔叔，在这里避暑的难道是些欧洲人？你看这雕塑分明是欧洲人的模样嘛！"

"呵呵，你们现在观察事物越来越仔细了，个个都是好样的！"大胡子叔叔笑着称赞道。

"你们说的一点儿都不错，这尊雕塑确实是欧洲人的面庞。因为挽巴茵夏宫与一般的泰式避暑宫殿不同，它是由三种风格糅合而成的！你们现在所看到的，正是欧式风格的一个元素。我们边走边说！"大胡子叔叔带着孩子们继续往前走。

在湖水的环绕下，一座华丽的凉亭出现在大家眼前。

"这不就是我们在迷你暹罗湾里面见到的迷你建筑物吗？原来，这就是挽巴茵夏宫中的美景啊！"花花开心地说。

花花看到的就是挽巴茵夏宫中的水上皇亭了，它是典型的泰式"三尖顶"设计，也是这宫中三种风格中的泰式风格。从下往上看，三层屋檐层层相叠，屋檐向外长长地伸出，舒展开来。亭子顶端的宝塔塔尖，细致又不失庄严。整座塔的颜色为金色，由彩色纹理做装饰，颜色十分鲜艳，金光夺目。

"这亭子屋檐伸展，好像一位穿着盔甲的将军，真威武啊！"吉米感叹道。

可花花并不这么认为："这分明是位美丽的女子，舞姿婀娜，多优美啊！"

顺着水上皇亭往前走，便是一座白色的宫殿，拱门一个挨着一个，宫殿顶端，拱起三个圆圆的塔顶，非常典雅。这是一座希腊风格的宫殿，也是欧式风格中的重要元素。欧式的宫殿与泰式的皇亭在水中交相辉映，相辅相成，融合成一道独特的风景线。

再往前走，就是夏宫的中式建筑了，宏伟的天明

殿呈现在大家面前。天明殿建造于1889年，外观与中国的宝殿无异，宝殿本身是红色的，屋檐为金色，屋脊向上蜷起，有精美的雕刻，仔细一看，那雕刻原来是二龙戏珠！宝殿的门上有蓝白相间的图腾，宏伟壮阔。

"这儿可真是中国味儿十足啊！"花花感叹道。

"你还别说，这天明殿就是中国的传统建筑，在南方十分盛行。而且，建成这座宝殿的材料也是从中国运来的呢！"大胡子叔叔边说边带着孩子们走进了殿内。

"孩子们，你们现在看到的所有物件全都是从中国运来的，件件货真价实。"大胡子叔叔继续给大家介绍。

殿内，正对着殿门的位置放着皇上用的御案和龙椅，两边有四根大柱子，柱体上有精细的雕刻，游龙戏凤，有龙凤呈祥的美意。

这天明殿不仅仅是中国式的建筑，中国的材料，而且还是由中国人亲自建造的。1889年，华侨们联合建造了天明殿，作为献给拉玛五世的礼物，非常具有意义。

美丽的挽巴茵夏宫中，完美地融合了泰、中、欧三种不同风格的建筑，三种建筑虽然各具特色，却又相辅相成。这不仅是一种奇观，同时也是文化与建筑的交汇，是文化与历史的交汇。夏宫之所以永葆风采，想必这正是重要原因吧！

第9章　穿着纱笼说泰语

　　"明天就是宋干节了，在泰国这可是最重要的节日，相当于中国的大年初一呢。"有些许劳累的大胡子叔叔伸了个懒腰说。

"这么盛大的节日，他们一定个个身着华丽的衣裳吧？"花花激动地问。

"那当然！明天大家都要穿泰国的传统服饰，举行隆重的典礼，一起来庆祝宋干节呢。"大胡子叔叔解释说。

"要是大家都穿华丽的传统服装，而我们却穿成这样出门，一眼就知道我们是外国人了呢！多煞风景呀！"花花看看自己身上穿的衣服，"不如，我们也都去买一套泰国的传统服装吧。"

花花的提议得到了大家的认可，于是，大家来到酒店附近的集市上。真是一片繁荣景象啊！街道两边，家家户户的门口都挂着泰国国旗，人们个个身着华丽的衣服，街边还多了很多卖头饰的小摊铺。

来到一家店铺，花花仔细地看着里面的泰式服饰，服饰的颜色鲜艳，种类繁多，看得花花眼花缭乱。

泰国是个十分重视宗教信仰的国家，而它最主要的信仰就

是佛教，因此，它的服饰也多多少少受到了僧侣衣着的影响。女子的上装大多数都有一条胳膊露在外面，而另外一条胳膊上设有披肩，外形就是由僧侣的袈裟演变而来的。女子下装为筒裙，一般来说，筒裙的制作材料有棉、麻，但最好的制作材料当数泰丝，在泰国炎热的天气里，泰丝以其轻柔、冰凉的手感、独特的外表备受人们欢迎。

在盛大的节日中，女孩子们还有一样东西是少不了的，那就是精美的头饰。色彩艳丽、花纹精美的泰式传统服饰，往往要搭配上精美的头饰才能够完全修饰出一位女子的美丽。

男子的衣服叫作纱笼。比起女子的衣服，男子的衣服要简单一点，裤子比较像中国的灯笼裤，上衣则是一件小褂。

"男孩子的上衣应该是披风吧！"吉米打量着手中的纱笼说。

"你是怎么看出来这是披风的？"映真穿着一件纱笼，无奈地看看吉米，尴尬地问。

"说它是马甲但又有袖子，那就只能是披风喽！"吉米笑了笑，顺手拿起一件褐色的纱笼，"好嘞，不管是马甲还是披风，我就要这件了！"

一旁的大胡子叔叔看到了，吓了一跳，他赶紧拿过吉米手中

的褐色纱笼，严肃地告诫说："这件可不行，泰国人喜欢色彩艳丽的服饰，最忌的就是褐色、黑色等暗色调的衣服。像宋干节这样的节日，更应该选择颜色鲜艳的衣服，懂了吗？"

吉米吐吐舌头，笑着重新挑了一件。

这时，花花开始张罗着为大胡子叔叔挑选新衣，挑了好一阵，才算是合了两人的心意。挑好衣服后，两人发现，吉米和映真正拉着店主说着什么。

原来，店主是位会说中文的泰国人，两个孩子正拉着店主教他们泰文呢。

"'你好'是'萨瓦迪卡'，'谢谢你'是'扣昆'，'对不起'是'扣头'……"两个孩子认真地跟着店主学着，映真还拿出小本子，将学到的发音都记录下来。

"那'再见'怎么说？"花花也凑过来学。

“拉弓。”

“拉弓。”孩子们像模像样地复述着。

“那‘射箭’是什么？拉弓不就是为了射箭么！”吉米调皮地问。大家听着吉米的玩笑都笑了起来。

“‘不舒服’怎么说？”花花接着问。

“买撒白。”

“‘医院’怎么说？”吉米问。

“隆帕雅半。”

“你们怎么都问些不中用的啊！应该问问‘便宜一点’怎么说。”映真反驳着。

大胡子叔叔走过来问："孩子们，你们都学了些什么？"

"隆帕雅半。"

"萨瓦迪卡。"

"扣昆。"孩子们争先恐后地说着。

"射箭。"吉米脱口而出！

大家全部哈哈大笑起来，花花和映真异口同声地纠正说："拉弓！"

吉米不好意思的挠挠头："拉弓就拉弓呗，我也记住啦！"

刚刚走出店铺，突然，一个人急冲冲地冲过来，撞到了吉米，后面还有一个人追着边跑边叫。大胡子叔叔仔细听了听说："是小偷！"

吉米赶紧说道："我们赶紧帮忙追吧!"大胡子叔叔指着旁边的小路口，喊道："我继续往前追，你们从小路拦截，千万别跑散了，要注意安全啊!"

跑到路口，那小偷不顾红灯，一下蹿了过去。大胡子叔叔也紧跟着小偷蹿了过去

闯过马路的大胡子叔叔高高跳起向小偷扑过去，小偷被大胡子叔叔撞了个趔趄，倒在地上。恰在此时，吉米和映真、花花三人也从旁边的小巷冲出来，几个人合力将小偷制服了。

大胡子叔叔高兴地夸奖道："你们三个今天可真是勇敢啊!"

射箭

第10章　正好赶上宋干节

今天，孩子们都早早地起床，穿上为自己精心准备的泰式传统服饰。花花整理好头发，然后将早早准备好的精美头饰戴好，活脱脱就是一个美丽的泰国女孩儿！

一行人准备好之后，就向着热闹的街心出发了。

今天的大街上可谓人山人海，大家都身着美丽鲜艳的服饰，脸上洋溢着满满的笑容。熟人之间碰了面，会双手合十鞠躬，然后互道祝语，一派喜气洋洋的景象。

大胡子叔叔边走边和孩子们聊天："你们只知道有宋干节，便去买了盛装出席，可是，你们知道宋干节是什么节日吗？"

孩子们听到这话都哑口无言了。

大胡子叔叔继续说："宋干节并不是普普通通的节日啊！宋干节又叫泼水节——"

还不等大胡子叔叔说完，吉米便插嘴了："大胡子叔叔你早这么说我们不就清楚

了吗？就是傣族的泼水节呗！"

"听我把话说完，宋干节虽然叫作泼水节，但是，它的意义却是和中国人的春节一样的，是辞旧迎新、祈福来年的日子。"

"啊？这都四月份了，泰国人才过年啊！真奇怪。"

"这和星宿算法有一定的关系，泰国人以太阳转入黄道星座的第一宫那天当作新一年的开始，但是在计算中算错了，由于这样的传统已经存在了许久，便依样流传下来，没做更改！"大胡子叔叔将其中的原委一一道来。

"晕，这都能算错？"孩子们对此事表示不能理解。

大家来到一户人家门口，里面的人正在院内举行仪式。后辈子孙站成一排向长辈们行礼、致敬，希望长者安康，来年风调雨顺。类似中国大年初一的拜年，这也是宋干节这一天，每家每户必须进行的第一项活动。

看着这样的仪式，吉米碰了一下花花说："这和中国的春节举行的仪式都差不多呢！"

"是差不多，不过我们要给长辈磕头，长辈会发给我们压岁钱呢！"花花得意地说。

大家顺着人群继续往前走，突然，道路变得热闹起来。原来，已经有人开始泼水了！只见大家纷纷拿起手中的水枪、水盆和水桶，毫不客气地互相泼起水来。今天，在大街上的人们，不论你是男性，还是女性；是游人，还是当地居民；是幼童，还是老者……大家都会互相泼水，表示洗掉去年的霉运，迎来新一年的好运气。

这么热闹的氛围怎么能少了吉米，他拉着映真冲进了人群。不一会儿，他们两个不知从哪儿弄来几个盆，与大街上的人们玩闹在了一起。大胡子叔叔将一把水枪递给花花，花花也加入了战斗，可惜她的水枪威力不强，在铺天盖地的大水中显

得十分渺小。

　　"哎呀！"大胡子叔叔忽然大叫起来。原来，三个小家伙打算"祝福"一下大胡子叔叔，他们在盆子里接上水，从大胡子叔叔的背面进攻。瞬间，大胡子叔叔的纱笼就湿透了。

　　"恭喜大胡子叔叔洗去前一年的霉运，来年万事如意！"泼完水，孩子们嘻嘻哈哈地大笑着，不忘为大胡子叔叔祈福一番。

　　大胡子叔叔脱下纱笼，正准备擦

擦脸，"哗啦！"又一桶水从大胡子叔叔的头上浇了下来。

大胡子叔叔转身开起了玩笑："你以为你浇花呢！"，那"浇花"的壮汉双手合十，也为大胡子叔叔祈福呢！

再往前走，人群开始向两边散去，原来有大象从这里经过。今天的大象也被装扮得非常美丽，大象边往前走边向两边喷水，两边看热闹的人欢呼着把水泼向象身、象腿。泰国的人与自然结合得实在是太完美了！

泰国四月的天气非常炎热，正午则成了泼水的最佳时刻，凉凉的水泼在人身上，十分舒服，空气中的炎热也被迅速逼退。一过正午，便有了更好玩的节目。会有游行的队伍在大街上表演。

走在最前面的人穿着非常复古的衣物，带着一顶像皇冠的帽子，穿着颜色鲜艳的筒裙，他的脸被画成了小丑，配合着他搞怪的动作，可爱极了！走在他身后的是一些乐手，他们手里拿着木和竹制成的民族乐器，奏出欢快的曲调。在队伍后面走着的，还有一些赤着上身、手持木棍的人，他们跟着激情的音乐声表演着原始舞蹈。

　　跟着游街的队伍走过去，会经过一个大广场，广场上有丰富多彩的文艺演出，演出结束后，还有选美比赛呢！

　　很快，夜幕降临了，大胡子叔叔带着三个叽叽喳喳讨论选美结果的孩子回到住所。外面，依旧热热闹闹，节日的气息一点儿也没有减少。

第11章 花花生病了

从梦中惊醒的映真抬头看看表："呀！已经九点了呢！肯定是昨天玩得太累了，睡过头了。大家都在干什么呢，怎么不叫醒我？"想到这里，映真赶紧跳下床，发现吉米和花花的房门紧闭，看来都还在睡觉，只是不见了大胡子叔叔。他正纳闷着，吉米也起床了。

两个男孩洗漱好之后，还是不见花花起床，这可真是奇怪啦！平时就数花花起得最早了。

他们一起敲敲花花的房门，过了

好大一会儿，花花才打开门，只见她脸蛋红红的，看起来无精打采，看到映真和吉米关切的眼神，花花有气无力地说："我好像生病了，感觉好难受，我还想再睡一会儿。"说着，花花又踉踉跄跄地走到床边，一头栽到被窝里继续睡起来。

映真赶紧走过去，将手放在花花的额头上一试，哎呦，手上滚烫的触感吓了映真一跳！原来，花花发烧了！

"走，我们得赶紧找点退烧药，花花生病了，在发烧呢。"映真拉着吉米说，两个人赶紧里里外外地翻找箱子和包裹，可是只找到了治肚子疼的药。他们又在屋里翻找了一番，仍然一无所获。

这可把他们急坏了。

映真灵机一动："要么，我们去给花花买药吧！"吉米立刻表示同意。

不过，两个人并没有急着出门，映真将毛巾在凉水中浸湿，搭在花花的额头上。而吉米则在一边忙着给大胡子叔叔留字条呢，他写道：大胡子叔叔，花花生病了，我和映真去给她买药，请不要担心，我们马上回来。

临出门时，映真又拿过酒店的住宿简介，将上面的酒店电话、报警电话和急救电话都抄在了随身携带的小本上，这小本上还有他们前天学的几句泰语呢，想必能排上用场！

映真和吉米来到大街上，泼水节狂欢之后，街道上一片狼

藉。街面上几乎变成了白色泥浆的世界，因为有些狂欢的人们用掺有白粉、颜料的水互泼。这样一来，每年泼水节过后，政府都不得不出动至少15辆洒水车，还有200多名环卫工人一起来清理街面。

吉米和映真在街面上左闪右躲，躲避着洒水车和环卫工人。可惜，泰国的街道比较狭窄，他们躲避起来很辛苦。街道上还有许多类似机动三轮车模样的载客摩托车，一路跑起来泥水四溅，车上还有斗篷，看起来很好玩，可这时的吉米和映真

没有心情欣赏，他们急急忙忙地寻找药店。

"啊！"突然，吉米大叫一声，在他前面行走的映真吓了一大跳，赶紧回头，原来吉米被一个卖花环的小姑娘抓住了胳膊。

花环是由鲜花编织成的，用棉线一朵朵串起来。花环有很多种，看上去都很漂亮，散发出一阵阵清香。

挂戴花环是泰国的一大民俗，每当遇到迎接宾客、皇家仪式、佛日聚会、吉庆活动等重要场合，都需要挂戴花环，寓意吉祥、尊敬、欢迎等美好的祝福。花环和花串的做法很讲

究，多数用茉莉、玉兰、蔷薇、金盏菊、白蚕花等的花朵或花蕾制成。其中，又分为好几种不同类型，有手戴花环、颈挂花串、悬挂花串等。这种制作方法早在素可泰时期就已流行，现在，它已发展成为传统的民族手工艺术了呢。

两个人在街头东瞅西看，怎么都找不到药店。怎么办呢？他们把旅游图看了一遍又一遍，可是，这个该死的地图还是"保持沉默"！没办法，他们只好在街头张望，试图找到一张看起来比较温和的面孔问路。

就在这时，一个美女婷婷袅袅地走了过来。吉米和映真一看，哈，这位姐姐看起来好温和啊！于是，他们赶紧凑过去，比手画脚地说："萨瓦迪卡，买撒白，隆帕雅半。"

美女姐姐皱了皱眉头，左右张望了一番，貌似也不太清楚，不过她非常好心地叫住一个路过的当地人，用泰语问了一下，然后朝吉米和映真比画着手势，告诉他们穿过这条街道，向右拐，路边就有一间药店。

吉米和映真两个人非常感激，争着道谢，美女姐姐微微一笑，又婷婷袅袅地走了。

接着，两人来到路口，看到一位帅气的年轻警察正在执勤。

泰国警察穿的制服非常漂亮，腰部做了收腰处理，在手臂肱二头肌的位置绑了一个白色袖套，一根编织精美的酒红色细绳从肩章里面穿过，脚上的皮鞋都是中高帮，锃亮锃亮，还带着响掌，走起路来"嚓嚓"作响，威风极了！

吉米和映真欣赏了一会儿年轻警察的卓越风姿，就朝路对面的药店跑去。

　　来到店里，两个人仍旧手脚并用地比画了一番，还好店员看懂了他们的意思，将药拿给了他们，两个人开心地喊："扣昆，拉弓！"

　　回到酒店，两人发现大胡子叔叔已经回来了，花花似乎也退烧了，心中不免有些难受：他们大老远地跑去买药，可是，花花却不需要了。

　　看着垂下头的吉米和映真，大胡子叔叔微微一笑，说："今天一早，我就发现花花病了，我和你们一样担心，就给花花买药去了。你们在屋里准备出发的时候，我刚好

回来，在你们走后，我给花花喂了药，让她好好休息。然后，我就一直跟着你们。小伙子们，你们今天的英勇表现我都看到了，你们做得很棒！"

两个男孩受到了表扬，一下子精神抖擞，开始给花花讲沿途的奇遇，花花听得十分入迷。

听着吉米夸大其词的故事，大胡子叔叔什么也没有说，只是在一旁微笑地看着他们。

错误日期的新年——宋干节

宋干节是泰国的传统新年，在这一天大家都会盛装出行，在街道上还有非常多的节日活动呢，比如泼水、游街、庙会、抽奖等等。

大家一定都想知道，为什么泰国人的新年在四月，而不是年初呢？

其实，这个日期是错的。在东南亚地区，他们认为太阳转入牧羊宫的时候，是一年的开始。因为，牧羊宫是黄道星座中的第一宫。太阳转入其中的时间应该在三月，定在四月纯属错误。由于大家都习惯了这样的时间，便不再改变了。

第12章　雨林历险记

　　来到普吉岛，孩子们真是兴奋极了，前一天享受了皮皮岛的各种美景，今天，大家更是精神满满地等待出发呢！

　　不过，大胡子叔叔似乎另有安排，原来，大胡子叔叔准备带孩子们去热带雨林中露营。

在大胡子叔叔的安排下，孩子们分成两路准备装备：吉米和映真负责将今天用到的工具准备齐全；大胡子叔叔和花花准备出行需要的食物和水。

　　一会儿，大胡子叔叔和花花准备好了，吉米和映真也顺利完成任务，拿着清单一样一样地检查呢。装备很全面，有瑞士军刀、纱布、通讯设备和地图等等。四人穿上冲锋衣，将准备好的东西分成四份装进包里，随后，大家兴致勃勃地出发了！

　　今天的目的地是普吉岛久负盛名的栲帕吊国家公园。

　　坐着汽车来到公园入口，看着几乎不存在的大门，孩子们有了一点点迟疑，不过，大胡子叔叔可是信心十足啊！

他开始给孩子们布置今天的任务："孩子们，我们的目的地就是这里了。今天，我们的任务有点儿特别，我们要穿越这片热带雨林，在雨林中寻找通赛瀑布。

"大家可一定要小心，因为是原始热带雨林，所以里面会有很多猛兽哟！出发！"

刚一踏进雨林，大胡子叔叔一行人就被密密麻麻的遮天大树团团围住。吉米从地上捡起一根树枝，将枝头削得尖尖的拿在手中，不仅可以防止野兽，还可以拨开高高的草丛，行走起来方便多了。

虽然烈日被高高的大树遮蔽，但是，由于气温本来就非常高，雨林中非常闷热！没走几步，大家的衣服就被汗水浸透了，花花正准备脱下冲锋衣，被大胡子叔叔及时阻止："万万不可！这可是原始热带雨林，这里面的小蚊子都是有毒的！花花，你还是忍耐一下吧！"

穿过树丛，他们来到小溪边，溪水潺潺流过，小溪两边的草木非常茂盛，这些灌木精神抖擞地立在河边，吉米小心翼翼地拿树枝在灌木丛中搅了搅，确定没有蛇，才在旁边坐下来。

花花赶紧拿出毛巾，在溪水中浸湿，擦了擦脸，又擦了擦胳膊。然后将毛巾递给了映真。擦完脸的花花感觉非常舒适，这才有心情看看周围的环境。她惊异地发现，这里真是美啊！树丛绿油油的，生机盎然；阳光从树枝间的缝隙照

射进来，点缀在清澈的溪水上，水面上波光粼粼。这场景，一向只有在高清图片中才能看见，如今身临其境，显出一种梦幻的美。花花二话不说，拿出照相机，将这美景记录了下来。

稍作停歇后，大家继续赶路。没走几步，突然，大胡子叔叔做了个让大家安静的手势，映真和吉米立刻站住了。吉米警惕地攥紧了手中的树枝，同时将瑞士军刀交给映真。

仔细一看，大家松了一口气。原来，在他们前方的树林中，出现了一只长长手臂的猴子，只见这只猴子伸展长长的手臂，手握一根树枝，"唰"地一下就蹿到了另一根树枝上。等到它"飞"远了，孩子们才放下心。

大胡子叔叔转过身来问大家："孩子们，你们刚刚看清了

没有，那就是长臂猿，是栲帕吊雨林中数量最多的动物！"

"我们只顾着防身了！没仔细看！"三个孩子遗憾地说。

"放心，只要你们不和它抢地盘，它不会侵犯你们的！"大胡子叔叔开玩笑地说。

再往前走，大胡子叔叔在一片棕榈树前停了下来，孩子们也围了上来，发现这片棕榈树似乎有些不同。噢！对了，棕榈树叶的背面竟然是白色的！花花边拍照边问大胡子叔叔："叔叔，这些棕榈树的叶子背面为什么是白色的？"

"这还真是难倒我了，我只知道这种特别的棕榈树叫作Palm Lang Khao，而且，这种棕榈树只有栲帕吊国家公园才有。很神奇吧！"说着大胡子叔叔也走近这些树，认真地观察起来。

离开棕榈林，就可以看到远处的瀑布了，孩子们高兴地欢呼起来。

通赛瀑布真是太有特色了，瀑布有三层，有的地方流速很快，瀑布就显得比较急促；有的地方流速很慢，流下的瀑布也是涓涓细流；有的瀑布打在岩石上，激起层层浪花，瀑布的下游则形成了一潭清澈的湖水。

瀑布、湖水和绿色的树木浑然一体，真是大自然赐予通赛瀑布的宝物啊！

走到瀑布前，两个男孩立马放下背包，找了个流速很快的瀑布便跳了下去，在水流的推力下，他们"从天而降"，真是太刺激了！

花花和大胡子叔叔找了块平整的岩石，将准备好的食物拿出来。大家吃过午饭后，就准备离开了！

这时，三个孩子都已经筋疲力尽了。

大胡子叔叔哈哈一笑，鼓励着孩子们："跟我来，再坚持一下！"

原来，栲帕吊国家公园的另一个出口正靠近瀑布，顺着这个出口，不一会儿就出了公园。在回去的车上，孩子们累得呼呼大睡起来。

第13章　神奇的泰式按摩

　　从原始热带雨林回来后，大胡子叔叔决定要奖励一下孩子们。于是，他将孩子们带到了一家专业的泰式按摩馆中。馆中的环境非常优雅，明亮的大厅里放着动听的轻音乐，在服务员的带领下，大家都换上了一身崭新的白色棉质衣服，衣服很

大，宽宽松松地套在孩子们身上。

　　跟着服务员，四人进入一间宽敞的房间。房间的窗户被窗帘遮着，灯光昏暗，屋里摆放着四个单人床大小的白色床垫；在床垫对面的墙壁上，供奉着一尊佛像，香炉中的香散发出幽幽的香味。整个房间非常安静，加上这好闻的香味，孩子们都昏昏欲睡起来。

　　大胡子叔叔这时说："孩子们，你们知道吗？在古代的时候，泰式按摩可是用来招待贵宾的最高礼节，今天，我们就好好享受一下吧！"他边说边躺在了最右边的一个床垫上，孩子们也相继躺了下来。

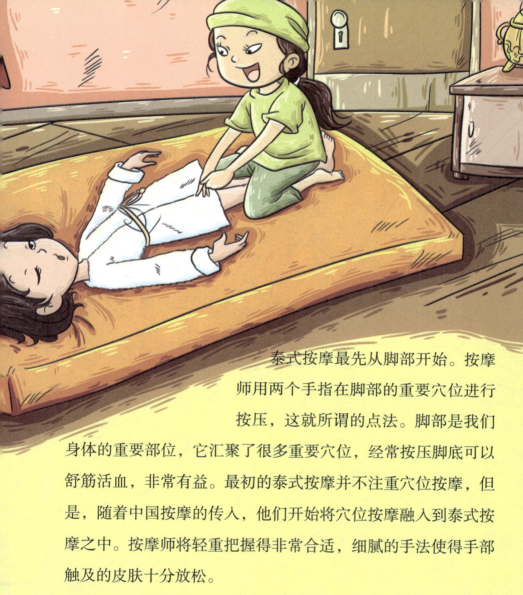

　　泰式按摩最先从脚部开始。按摩
师用两个手指在脚部的重要穴位进行
按压，这就所谓的点法。脚部是我们
身体的重要部位，它汇聚了很多重要穴位，经常按压脚底可以
舒筋活血，非常有益。最初的泰式按摩并不注重穴位按摩，但
是，随着中国按摩的传入，他们开始将穴位按摩融入到泰式按
摩之中。按摩师将轻重把握得非常合适，细腻的手法使得手部
触及的皮肤十分放松。

　　泰式按摩讲究向心性，就是从脚底一直按摩到身体的中
心，也就是心脏的位置。

　　多次反复按压过脚部穴位之后，便开始进行腿部的按压。在
腿部，首先也是使用点法，点法之后，按摩师便开始活动脚腕
和膝盖，活动关节也是泰式按摩中非常重要的环节。按摩师分

　　别从顺时针和逆时针的方向转动关节，还
通过扳和拉，使筋骨得到更好地放松。腿
部往上，就是腰部和背部的按摩了，这两
处地方几乎运用了全部的按摩手法。

　　按摩师首先将精油滴在顾客的背上，再用双手轻轻地
将精油推满背部和腰部的每一寸肌肤，然后，用手指指尖轻
轻地沿着脊柱按压，往复几次后，你就会感到整个背部非常
放松。

　　接着，按摩师会用手掌在顾客的背部画圈，这就是揉法
了。在揉法加上精油的作用下，使背部的肌肉放松，可以更好

地吸收精油，也使精油充分发挥出舒缓经络和美肤的作用。腰部的按摩主要向两边舒展，按摩师沿着顾客的脊柱用手掌按压，然后向两边推开。

头部的按摩是最仔细的，按摩头皮，轻拉头发，最后，按摩师会轻轻拍拍你的头，用肢体语言告诉你：这一切都结束了。

享受按摩的三个孩子不知道自己是什么时候睡着的，随着按摩结束，才一个一个地睁开眼睛，吉米先问："这么快就结

束了？我还没有享受够呢！"

"好戏还在后头呢！"大胡子叔叔说完就闭上眼，继续休息了。

正在纳闷的吉米被按摩师扶着翻过身，按摩师坐在他的腰上，让他双手抱住脖子，按摩师拉着他的手腕向上提，第一下有点疼，不过后面就很舒服了，这就是泰式按摩中的扳法。然后，按摩师让吉米背向自己坐下，他的双脚踩在吉米的脊梁骨上，然后，拉过他的双手就向后扳，这也是扳法中的一种。

现在，按摩才算是结束了。

从更衣间出来的孩子们，脸上的倦意已经完全消失，就像早晨刚刚睡醒一样，神采奕奕！

"这感觉真舒服，血液都顺畅了许多。"花花首先描述了自己的感觉。

"对啊！我感觉自己像是武林高手，身轻如燕！"吉米接着说。

映真转了转脖子说："我和你们差不多，一点儿疲劳的感觉都没有了。真不敢相信几个小时以前我还在丛林中行走呢！"

看着孩子们享受的表情，大胡子叔叔满意地笑了。而孩子们一起拥抱着大胡子叔叔，"谄媚"地喊："大胡子叔叔最好了！谢谢大胡子叔叔！"

第14章　我们都爱幻多奇

今天是在普吉岛的最后一天了，大胡子叔叔给孩子们准备了一个惊喜。看着餐桌前的孩子们睡眼惺忪的样子，大胡子叔叔想象着他们听到这个消息时兴奋的表情。

大胡子叔叔先是拿起汤勺在杯子上"当当当"地敲了敲："孩子们，我们今天又有新安排了！"

孩子们一个个瞪大眼睛，聚精会神地听大胡子叔叔宣布好消息。

"我们今天要去的目的地是幻多奇乐园！"

"啊！太好啦！"孩子们欢呼着，大胡子叔叔低下头笑了笑，心想：这表现果然不出我所料！

幻多奇乐园可是普吉岛最受欢迎的景点。幻多奇乐园与它的名字非常契合，乐园中的房屋颜色梦幻及里面举行的表演丰富，可谓幻；乐园里面有很多供人选择的手工艺品，可谓多；而园中更是处处充满神奇的元素，可谓奇。

幻多奇乐园的门外，灰色的墙壁组成各式各样的山洞造型，大门的顶端还竖着一尊大象的前半身，好像一只大象破墙而出，生动逼真。设计者将大门设计成山洞的样子，让游客有种回归原始的感觉，非常特别。

来到幻多奇乐园，孩子们更多的是好奇，直到进入乐园，孩子们才兴奋起来。

走在幻多奇乐园里面，就是另外一番景象了。马路两边有各式各样的艺人，有的穿着民族服装唱歌；有的穿着民族服饰表演泰拳，吉米也凑过去比画了两下；就连表演杂技的小丑都穿的是民族服饰。

这里的所有建筑都被油漆涂得五彩斑斓，颜色十分鲜艳。孩子们每到一处，都忍不住好奇心，跑去看那里究竟有些什么。

有的小游戏非常好玩，孩子们争着抢着要玩。没办法，大胡子叔叔只好陪着他们喽！

再往前走，便来到一个小广场上，听说即将有文艺表演，大家纷纷驻足观看。舞台非常绚丽，霓虹灯绘出的道具个个

吸引人的眼球，非常华丽。在舞台的两边，还有各式各样造型奇特的动画人物，孩子们你指指这个，我指指那个，分别说着这些人物的名称。舞台中央是穿着泰式服饰的女子和男子跳舞，艳丽的服装，绚烂的灯光，伴着欢快的音乐，使这个舞台变得更加光彩夺目。

突然，大胡子叔叔看了看手表说："快走，不然就没时间了！"

说着，大胡子叔叔带孩子们来到了一处奇景——一座王宫。这座王宫由宫殿、宝塔和山融汇而成，三座宝塔立于宫殿之上，而整座宫殿又像在山中雕刻出来的。

宫殿的造型为典型的泰式建筑，正门是两头雕塑大象昂头朝天，似乎在迎接宾客的到来。它们露出尖尖的象牙，鼻子也向上翘起。

整个王宫占地面积很大，造型独特，非常宏伟。这就是幻多奇乐园中的象王宫了。

"象王宫中有精美的表演，让我们一起去看看吧！"大胡子叔叔笑着说。

大家走进象王宫，发现这里是一个巨大的剧院，剧院的舞台很大，有不同的通道伸向看台。不论灯光还是音响设备，都非常现代化，这和整个宫殿的外部设计一点儿也不搭配。

　　表演开始了，最先出场的是整齐划一的仪仗队，他们个个精神抖擞，向观众们致敬后，便走下舞台。

　　接着，一排大象从通道中上场了。它们自觉地变换队形，交叉进入通道，又从不同的通道中走出来。大象再次出现时，仪仗队也同时登场了。在仪仗队的指挥下，大象们标准地完成着各自的表演任务，没有一点儿差错。

　　大象走队形的节目在大家热烈的掌声中结束了，接着登场的是小象表演。这次上来的小象要表演的是杂技，最吸引人的要数钻火圈了，别看小象的身躯也很大，但是，跳跃的动作完成得很轻松，非常灵活。有的向观众问好；有的则在模仿人的动作，比如坐下和站立。

在象王宫，最厉害的演出就是小象表演了，他们在驯象师的帮助下，为大家奉献着一出出完美的演出，真可谓台上三分钟，台下十年功啊。这些小象们表演得这么好，想必也吃了不少苦吧！

最后表演的是舞台剧，这出剧中的一只小象成了当晚最耀眼的明星，因为它可爱伶俐，表演中闹出许多笑话。它总是模仿人的动作，虽然有点小意外，十分滑稽，却又可爱极了。

从幻多奇乐园出来，孩子们意犹未尽地讨论着最后出现的小象，看来，在小象表演中，孩子们都能学到不少东西呢！

泰国民族舞蹈

热情开朗的泰国人，每逢佳节不可或缺的就是身着传统服饰舞蹈一番了。民族服饰也是民族舞蹈很重要的一部分，这些传统服饰非常华贵。

这样的民族舞蹈多流行于民间，大家一起舞蹈，伴着鼓、锣、钹、拍板、笛等各种乐器，节奏轻快，旋律优美，动作优雅，内涵丰富。

泰国有非常多的节日，在这些节日中大家都会用舞蹈来表达自己心中的欢乐。比如，在婚礼上，他们有婚礼舞，以此来表演结婚习俗，同时为新人祝福。

第15章　感受天堂

"孩子们，在泰国游玩了这么多天，你们觉得最具泰国特色的旅游景点是哪儿？"大胡子叔叔给孩子们出了道难题。

花花最先想到："我觉得是海滩，泰国的海滩又多又美。真是放松享受的好地方啊！"

"那当然是雨林了，因为穿越雨林的感觉真是太惊险了！"吉米兴奋地说。

"我倒觉得最具泰国特色的是泰式的寺庙，这里面融合着泰国的文化、习俗，还有建筑风格。"映真想了想说。

"映真可说到重点了，我们今天就去看看这最特别的泰式寺庙。走你！"大胡子叔叔滑稽地摆了个"走你"的造型，逗得孩子们哈哈大笑。

原来大胡子叔叔说的是白色庙宇。白色寺庙也叫作灵光寺，它坐落在美丽的清莱府。因为整个庙宇为炫目的白色，所以人们都叫它白色庙宇。白色庙宇是从1998年开始建造的，是

非常典型的泰式建筑。

　　刚刚进入寺庙时，大家并没有发现特别之处，和其他寺庙一样，都是绿树环绕、石路小径。

　　可是，再往前走，眼前便出现了另一番景象：被水池环绕的白色庙宇出现在大家眼前。绿油油的草地和清澈潭水交织在一起，潭水中倒映着白色的庙宇，在蓝天白云的映衬下，这一切仿佛来自天界，洁白夺目，纯净无垢。

　　"金色和红色的寺庙凸显寺庙的雍容与大气，可是，这

白色的寺庙有什么寓意呢？"花花好奇地问。

"寺庙的颜色确实可以给人带来视觉上的直接冲击。白色寺庙从外表看，洁白纯净，光亮夺目，十分耀眼。不过，这白色寺庙也有着更深层的寓意呢。寺庙的设计和建造者是一位虔诚的佛教徒，在他的心中，庙宇是最纯洁的地方，所以，才用白色来建造寺庙。"大胡子叔叔解释着。

大家走到庙宇前，首先看到的是一座非常窄的木桥，木桥两边并没有扶手，下面则是一个池塘，在池塘的一边布满密密麻麻的"手"雕塑，一只只地"伸向"木桥桥面。有的

"手"里面拿着骷髅头，有的"手"里面拿着器皿。另一边的池塘中，则有非常多的"鱼儿"，当然，这些"鱼儿"也都是雕塑。

吉米和映真拉着大胡子叔叔率先上了小桥，可是，看着小桥两边的"景物"，都慢慢地停下脚步。

"大胡子叔叔，这里为什么会有这些'手'和'鱼'呢，这么美丽的寺庙怎么会有这么恐怖的景象呢？"吉米紧张着问。

这是因为，寺庙的设计者认为人过世之后都会去天堂，那里是佛祖真身存在的地方。要想通往天堂就必须受尽世间的诱惑、磨难与考验。

窄窄的木桥代表通往天堂的路，也代表世间崎岖的路；而这些石雕的鱼和手，代表着世间的诱惑、磨难和考验。只有顺利通过考验的人才可以进入天堂，完成真正的朝拜。

　　走过小木桥，就来到了一座宽大的白色桥上。在桥头，屹立着两座十分魁梧的将军像，它们面相凶恶，手持利器。

　　"大胡子叔叔，这里为什么会有凶神恶煞的将军像呢？"映真看着将军像问。

　　"这两员大将屹立在这里的目的就是为了将那些犯过罪的人拒绝在寺庙之外。"大胡子叔叔解释道。

　　顺着白色大桥来到寺庙前。寺庙是典型的泰式建筑，三层屋顶层层相叠，屋檐上还有十分华丽的祥云雕塑作装饰。除了白色瓦片外，屋子本身还镶嵌着玻璃碎片，在阳光的照射下，似乎寺庙本身也在闪闪发光，真是奇观啊！

　　寺庙里面又是另一番景象，一进寺庙就看到正对大门的墙体上绘着一幅巨大的佛祖像，画中的佛祖栩栩如生，

面容慈祥，佛祖四周散发的金光寓意着佛祖的佛光降临。

在佛像的前面，屹立着一尊青铜的佛像，供人们祭祀、朝拜。

映真拿出一些泰铢，大胡子叔叔问："映真，你要买什么吗？"

"买些香来祭拜啊！"映真回答着。

"映真，这里只有买画才会收费，其他全部免费呢。"大胡子叔叔笑着说，"这座寺庙是由查仁猜先生设计的，他一共设计了九座寺庙，现在只建成一座。大师觉得，没有完成的作品不能收费，所以，在这座寺庙中，除了买画，其他都是不收费的。"

大家拜完佛像，就开始观赏寺庙中的画。这些画都出自寺庙的设计者之手，他就是泰国著名的艺术家查仁猜先生哦！

第16章 象粪咖啡

　　晚餐结束后，大胡子叔叔并没有带着孩子们回宾馆，而是来到一个非常优雅的咖啡厅中。

　　推开咖啡厅的门，只见咖啡厅的顶上吊着十分华丽的欧式水晶灯，多边形的玻璃将光折射到

咖啡厅的每一个角落，昏黄温暖的灯光，使咖啡厅多了几分温暖和惬意。咖啡厅的一面墙壁上，镶嵌着一个大大的复古壁炉，里面还有一些用材料涂成的柴火火焰。

靠近书柜的一个座位上，大家坐了下来，大胡子叔叔拿过菜单，对着服务员用标准的泰语说着什么。

然后，又对着孩子们说："大胡子叔叔请大家喝咖啡，你们都想喝什么样的咖啡呢？"

"雀巢！"吉米和花花异口同声地说。

"真没追求。"映真开玩笑说，"我想喝的咖啡是麝香猫咖啡。"

吉米和花花大眼瞪小眼地看看映真："什么是麝香猫咖啡？"

"就是猫屎咖啡。"映真不好意思地挠挠头。

"这就是你的追求？"吉米和花花反问。

麝香猫咖啡俗称猫屎咖啡，这种咖啡的可可豆非常特别，都是由麝香猫"精心"挑选出来的。麝香猫会挑选出成熟而又美味的咖啡果实吃下，经它的肠胃作用之后，又将可可豆排出，这些排出可可豆格外香浓馥郁，深受人们欢迎。

就在孩子们斗嘴的时候，四杯咖啡被侍者端了上来。三个孩子轻轻地吮吸了一点儿咖啡，吉米和映真似乎觉得很不错，但是，花花却皱着眉头，还伸着舌头，说："这是什么咖啡呀？和其他咖啡差别也太大了吧！"

"不会啊，你没有尝到香醇的甜味吗？这种甜味十分爽口。我喜欢！"吉米说着，又品了口咖啡。

　　"而且，口感很润滑，细柔的咖啡将这种特别的甜味送到口中的每个细胞，感觉真好！"映真也接着说。

　　听着同伴这么评价，花花不可思议地又仔细品品咖啡，然后点点头说："比刚才好点儿，确实有醇香，也比其他的咖啡要甜。"

　　"大胡子叔叔，这是什么咖啡？味道真不错。"映真问。

　　"这咖啡呀，叫作黑色象牙咖啡。"

　　"是象牙磨成的？"吉米睁大眼睛问。

　　"那倒不是，这是象粪咖啡！"大胡子叔叔笑笑说。

听到这话，花花几乎喷出刚刚喝的一口咖啡。

什么是象粪咖啡呢？这可是一种特殊的咖啡，与麝香猫咖啡类似，大象的养殖人员会将可可豆喂给大象当作食物，这些可可豆通过大象体内的消化器官，消化、运转然后排泄出来。经过专业人员的人工挑选，将一个个豆子挑选出来，再经过晾晒、烘焙等加工过程后才算真正完成。而且，象粪咖啡在冲泡时，全都使用虹吸壶。通过人工的碾磨，然后用虹吸壶酿造出来，这使得每一杯咖啡都非常浓香。

象粪咖啡之所以没有苦味，是因为大象体内的消化器官分解了咖啡中的蛋白质，所以，去除苦味后的咖啡会有一种不一

样的醇香。而且，润滑细腻的口感也是很多人喜欢象粪咖啡的原因哦！

听了象粪咖啡的形成原理，孩子们才恍然大悟，不再惊奇，一口口地仔细品尝着美味的咖啡。

"这和猫屎咖啡可真是异曲同工啊！"走出咖啡店，映真还在回味那杯浓香的咖啡。

"应该是同曲异工吧！同曲就是，它们都是排泄物；异工呢，就是麝香猫咖啡是猫选出最好的可可豆子，而黑色象牙咖啡是大象产出口味独特的可可豆子。"吉米仔细地分析着。

"都对！都对！"看着开心的孩子们，大胡子叔叔高兴地说。

第17章　在猴城过"猴节"

华富里就是此次泰国行的最后一站了，孩子们个个非常兴奋。华富里府距离曼谷约150千米，它有旧城和新城之分，两城相聚大约4千米。新城的路灯上装饰着弯弓射箭的勇士，旧城有古老的建筑，也有小火车等现代事物，古今并置正是它的重大特色。

　　比如说，下午四五点，火车进站，铁轨旁的道路实行封锁，铁轨两旁所有的交通、行人都停住了，大家站在封锁线外静静等候。等火车经过，一切行人、车辆又统统开始活动，像复活过来似的。乘火车到达华富里远比一切交通工具有情调，因为出了火车站，东、西、北三个方向，触目都是古迹。火车的来去，不仅仅代表一种运送人群的交通工具，可以说是用"时间"这种抽象物，忽古忽今，走过了华富里。

　　来到华富里新城，稍作准备，大胡子叔叔就带着孩子们来到大街上。吉米和花花看看周围没什么特别的。就问："大胡子

叔叔，我们今天是要去哪里玩啊？"

大胡子叔叔边走边回答他们："我们今天要去观奇景！"

"啊！是什么啊？"映真也凑了过来。

"猴山有猴子一点儿也不奇怪，可是如果一座城市到处都是猴子，这难道不是奇景吗？"

听了大胡子叔叔的话，孩子们向四下张望，才发现原来这个城市到处都有猴子的踪迹。远处的电线上，有小猴子在走钢丝；一些晾衣杆上还有几只猴子在"表演"倒挂金钩；断壁残垣的矮墙上面，有小

猴子在悠闲地"遛弯";还有两个小猴子为了一根香蕉争得面红耳赤。

花花拿出相机,几下连拍,拍下了一个小猴子"变身"蜘蛛侠的过程:这只小猴子在路边找到食物后,想找个安静的地方独享,便翻身几下就蹿到了屋顶。不过,由于它的动作太快,拍好的照片上,只有这只小猴子潇洒的背影!

"这座城市的居民,还为这里的猴子举办盛大的猴子节呢!"大胡子叔叔介绍着。

"那我们也去凑凑热闹吧!"三个孩子开心地说。

"那好吧,今年11月的最后一个周末我们再来吧!"大胡子叔叔调侃道。

原来，每年11月的最后一个周末便是猴子节，众多猴子都会来到华富里府一所寺庙前，享用一年一度的大餐。人们为猴子们准备了将近2吨的水果、蔬菜等美食。最有趣的是，人们还穿上各种奇装异服，装扮成形态各异的美猴王，令人看了忍不住捧腹大笑。

这里的猴子可谓尊崇无比，它们为旅游业"劳心劳力"，也算"劳苦功高"呢。

吉米撅着嘴说："猴山上的猴群又不是没见过，再看又有什么意思？"

"你们看看这座城市，猴子自由自由地跑动，这难道不是人与自然和谐相处最好的证明吗？"大胡子叔叔指着那些活泼的猴子说，孩子们听了都认真地点点头。

吉米和映真掩不住男孩子的本性，跑过去使出浑身解数，和这群活蹦乱跳的猴子嬉闹起来。面对这些聪明而活泼的小猴子，三个孩子开心极了，一天的时光也不知不觉过去了。

看完了可爱的猴子，大胡子叔叔一行人也要离开了。这是泰国游的最后一站，无论对于谁，都是收获颇丰，孩子们感知了一种大爱，给泰国之行画上了圆满的句号！